*Nadie dijo nunca que sería fácil,
ni que los cielos serían siempre
soleados. Cuando los días son grises y
aparecen tiempos difíciles, debes hacerte
fuerte. Recuerda que todo saldrá bien…
Tu fe en el mañana te ayudará <u>por</u> <u>siempre</u>
a hacer lo que está bien… y te ayudará
a ser fuerte en tu recorrido de la senda
de la vida.*

— *Collin McCarty*

Aguántate

...*a veces, la vida*
puede ser dura, pero
todo saldrá bien

Una colección de Artes Monte Azul™

Editada por Gary Morris

Artes Monte Azul™
Blue Mountain Arts, Inc., Boulder, Colorado

Número de tarjeta de catálogo de la Biblioteca del Congreso: 2003096046
ISBN-13: 978-0-88396-756-0
ISBN-10: 0-88396-756-1

Los RECONOCIMIENTOS aparecen en la página 64.

Algunas marcas comerciales son usadas por licencia.

Hecho en los Estados Unidos de América.
Cuarto impresión en español: 2006

 Este libro se imprimió en papel reciclado.

Este libro está impreso en papel vergé de alta calidad, de 80 lbs, estampado en seco. Este papel ha sido producido especialmente para estar libre de ácido (pH neutral) y no contiene madera triturada ni pulpa no blanqueada. Cumple todos los requisitos de American National Standards Institute, Inc., lo que garantiza que este libro es duradero y podrá ser disfrutado por generaciones futuras.

Blue Mountain Arts, Inc.

P.O. Box 4549, Boulder, Colorado 80306, EE.UU.

Índice

1 Collin McCarty

6 Claudia McCants

8 Brian Gill

10 Laurie Giglio

11 Ceal Carson

12 Barbara Cage

14 Jason Blume

15 Susan Polis Schutz

16 Carol Howard

18 Barbara Cage

19 Jason Blume

20 Lynn Barnhart

21 Diane Solis

22 Collin McCarty

24 Robin Marshall

25 Vickie M. Worsham

26 Judith Mammay

28 April Aragam

29 Susan Polis Schutz

30 Donna Fargo

32 Tanya P. Shubin

34 Kari Kampakis

36 Jane Andrews

37 Susan Polis Schutz

38 Debbie Burton-Peddle

40 Tanya P. Shubin

42 Elle Mastro

43 Linda Mooneyham

44 Jacqueline Schiff

46 Keisha McDonnough

47 Ashley Rice

48 T. L. Nash

49 Donna Fargo

50 Susan Polis Schutz

52 Regina Hill

54 Nancye Sims

56 Karen Berry

57 Lynn Brown

58 Elle Mastro

60 Collin McCarty

62 Barbara Cage

63 Barin Taylor

64 Reconocimientos

Las cosas están difíciles
en estos momentos, pero...
confía en ti misma
para empezar de nuevo

En ocasiones la vida te conduce
        hacia nuevos rumbos.
Y aun sin sentir que
        te has preparado,
o cuando no quieras cambiar,
te fuerza a empezar de nuevo.
Así es la vida... no hay garantías.
Te llena de temor,
        de ansiedad o tristeza.

Pero después de secar
        tus últimas lágrimas —
justo cuando piensas que ya todo
        se te ha salido de las manos —
respiras profundamente
        y de pronto te das cuenta
de que todo está bajo tu control.

Sobrevivir significa recuperar tu propio "yo".
Significa aprender a amar a quien tú eres.

Significa elegir sabiamente, establecer objetivos,
y descubrir qué es lo que
    te hace verdaderamente feliz.
Es volver a descubrir
    todo aquello que siempre
    habías querido hacer.

La felicidad es algo que
    viene desde adentro.
No hay quien te la pueda otorgar.

Eres una persona hermosa, cariñosa,
maravillosa, merecedora de todo lo bueno.
Ahora mismo tu vida es difícil,
pero trata de recordar
    que yo estoy siempre a tu lado.

¡Éste es un nuevo comienzo!

— Claudia McCants

¡Aguántate, ten paciencia y
conserva el buen humor!

Si acaso necesitas más aliento → Si te gustaría que de tanto en tanto te recuerden que eres muy especial → Quiero repetirte …y espero que te haga sonreír → Nunca olvides que eres un tesoro → Trata de darte cuenta de cuán importante eres a los ojos del mundo → Vayas donde vayas, mis esperanzas y mi corazón están junto a ti a cada paso a lo largo de tu camino → Y ya sé que, si bien las dificultades a todos nos visitan, no es justo que perduren más de lo debido → Si pudiera disolver las nubes con mis buenos deseos, la dulce brisa de un nuevo día entibiaría tu vida ahora mismo → Pero hasta que llegue un nuevo día, sé que siempre tendrás

la fortaleza suficiente para sobrellevar las cosas →

*Tengo mucha fe en ti ➤ Conozco la fortaleza y
la valentía que tienes en tu ser ➤ Sé que podrás
hallar toda la paciencia que necesites ➤ Podrás
recurrir a esos momentos del pasado en que
enfrentaste desafíos, sobreviviste, el éxito te sonrió
y aprendiste a creer en lo que hay dentro de ti ➤
Tú tienes tantas cosas buenas y sé que hallarás
tu senda, ocurra lo que ocurra ➤ Sé que vendrán
días más soleados y encontrarán el camino a tu
ventana, disolviendo las penas ➤ Y entre todas
las cosas que firmemente creo… Creo que nadie
merece más sonrisas, éxito, amistad o amor
…que la persona especial que yo veo
cada vez que te miro a ti ➤*

— Brian Gill

Si alguna vez me necesitas, espero que me lo digas

Nadie nunca dijo que la vida sería fácil, a veces parece tan injusta. Pero los altibajos de la vida nos hacen mejores y más fuertes, aunque en el momento no lo veamos así.

Recuerda — cuando sufras, expresa tu dolor. Cuando estés triste, deja correr las lágrimas. Cuando te llenes de enojo, hazlo salir. Cuando la frustración te embargue, enfréntala.

Ayúdate tanto como puedas. En ti encontrarás el mejor amigo. Pero cuando necesites compartir tu confusión, dímelo. Trataré de estar a tu lado, pero no siempre podré si no me lo dices.

El amor es el regalo más preciado que nos podemos dar, y el dar es una de las alegrías más grandes que la vida nos concede.

Estoy aquí para darte, en cualquier momento y por siempre.

— *Laurie Giglio*

Una palmadita en el hombro

Eres una persona admirable, ¿sabes? Y a pesar de lo que ocurra en tu día, seguirás siéndolo: esforzándote y dando y viviendo la vida del mejor modo que puedas. Levanta el ánimo pues, y mantén tu perspectiva. Todo saldrá bien.

Ya has pasado por momentos difíciles en el pasado, ¿verdad? Verdad. Y siempre aterrizaste de pie. Tal vez no con paso de danza; tal vez titubeando antes del paso siguiente. Pero siempre supiste cómo proseguir. Especialmente si conservas tu sentido del humor y no pierdes tu sonrisa.

Si lo piensas un poco, reconocerás que eres una persona con fortaleza. Acaso no tengas todas las respuestas, pero por lo menos tienes la disposición necesaria para tener esperanza y esforzarte y creer. Puedes hallar tu camino a través de <u>cualquier cosa</u>; todo depende de cómo la mires. Y cuando yo te miro, veo a una persona que es… bien sorprendente.

— Ceal Carson

¡La vida mejorará!

Aguanta y ten paciencia
contigo y con la situación.
Vive en el instante, día a día,
no sufras por el pasado
ni te preocupes por el futuro.
Tu fortaleza te sostiene en el presente,
y es todo lo que necesitas por ahora.
Permítete el lujo de tener paz,
y no emprendas más que lo que debas.
Aprende a liberarte.
Ahuyenta los pensamientos negativos;
reemplázalos con los positivos.
Descubre las cosas buenas en tu vida
y aprende a apreciarlas.

Cree en ti y recuerda
que tienes el poder.
En definitiva eres tú
quien controla tu vida,
y la única persona en el mundo
que puede cambiarla.
Aunque los demás
te alienten
o se preocupen por ti,
tú estás a cargo de lo que debes hacer
para que tu presente y tu futuro
sean todo lo que tú quieres
y necesitas.
¡Tú lo puedes hacer!

— Barbara Cage

Esto también pasará

Cuando no se ve sino
la lluvia que cae,
en ocasiones es difícil creer
que la tormenta llegará a su fin.
Pero las nubes se desvanecerán
y el sol volverá a brillar.

Aunque no puedas ver la solución
no significa que no la haya.
Confía en que todo se desenvolverá
tal como debe ser.
Así será.
Sabe que te quiero
y que haría cualquier cosa
porque el sol volviese a entibiar
nuevamente tu vida.

Hasta que pase la lluvia,
piensa que tienes un lugar seguro
para compartir lo que tienes en el corazón
y un refugio donde se te amará.

— Jason Blume

Mañana será un nuevo día

A veces no nos sentimos
   como quisiéramos sentirnos.
A veces no logramos
   lo que quisiéramos lograr.
A veces las cosas que suceden
   no tienen sentido.
A veces la vida nos lleva por caminos
   que están
fuera de nuestro control.
En esos momentos, sobre todo,
es cuando necesitamos a alguien
que nos entienda en silencio
y esté presente con su apoyo.
Quiero que sepas
que estoy a tu lado
en todo,
y que recuerdes que aunque
las cosas pueden ser difíciles hoy,
mañana será un nuevo día.

— Susan Polis Schutz

Cuando las cosas se ponen difíciles, recuerda que…
lo mejor está por venir

En ocasiones, cuando todo parece ponerse peor, a la larga es posible que todo sea para mejor.

Este puede ser un tiempo para la reflexión, para ver de dónde viniste y adónde podrías ir.

Los tiempos más duros en ocasiones ocultan una bendición.

Con frecuencia, una oportunidad fallida puede conducirte hacia otra mejor.

Si crees en algo con suficiente intensidad, con fe y perseverancia, triunfarás.

Si realmente lo deseas, puedes transformar en realidad aquello que considerabas tan solo un sueño.

Es posible que este tiempo te aterre, pero a la vez es un nuevo comienzo en tu vida, la posibilidad de hacer algo nuevo.

Sé que te irá bien y que con el tiempo lograrás lo que desees.

Tú puedes hacer cualquier cosa, basta con que lo decidas.

— Carol Howard

Toda vida tiene
sus altibajos

La vida siempre tiene desencantos
   y sinsabores.
La felicidad no perdura,
   pero al mismo tiempo,
tampoco perdura la tristeza.
La ira también tiene su lugar,
pero se debe controlar y liberarse de ella.
Casi siempre la felicidad es un estado de ánimo,
una actitud controlable
   en la mayoría de las situaciones.

Siempre que sea posible, elige la felicidad.
Conserva los buenos recuerdos y desecha
   las penas y los fracasos.
Permítete cometer errores
y date cuenta de que así es como se aprenden
   las lecciones más importantes.

Eres una persona preciosa y valiosa
   que merece lo mejor en la vida —
tómalo y compártelo con los demás.

— *Barbara Cage*

Cuando se cierra una puerta, se abre otra

El pasado es un ancla
que nos retiene.
Si no nos liberamos de quiénes éramos,
no podremos convertirnos en
quienes debemos ser.

Confiar es difícil
si no se conoce cuáles
serán los resultados.

Cree de todo corazón
que maravillosas oportunidades
te están aguardando —
caminos por recorrer
y nuevos senderos por explorar.

Trata este nuevo capítulo de tu vida
como una aventura,
y hallarás desafíos y recompensas
mejores que los que puedas imaginar.

Sé que éste no es un momento fácil para ti.
Te acompaño en el sentimiento,
pero sé que las cosas
se resolverán de la mejor manera.

— Jason Blume

Ten fe en el camino que has emprendido

En ocasiones es difícil comprender porqué la vida nos pone obstáculos en el camino y de pronto cambia todo lo que nos habíamos imaginado. Si bien no existen planos para guiarnos por este áspero terreno, existen ciertas seguridades que nos ayudan por nuestra senda.

Tal vez la mayor seguridad consista en tener fe — fe, no solo en los extraños mecanismos del universo, sino en tu persona. Ten fe de que eres una persona fuerte, capaz, merecedora y sabia. Ten fe de que los obstáculos en el camino a menudo sólo son pasaderas disfrazadas de vallas, que te encuentras exactamente donde debes encontrarte — aunque resulte difícil creerlo en ciertos momentos.

Ten fe de que la vida consiste en una serie de lecciones. Existen mensajes que te ayudan a comprender el significado de la vida, si te esfuerzas larga y duramente por recibirlos. Ten fe de que, aunque resulte penoso en ocasiones, estás descubriendo verdades de valor inconmensurable.

Por sobre todas las cosas, ten fe de que te has encaminado hacia la dirección justa — y que cuando toda tormenta llegue a su fin, encontrarás que te aguardan propósito, significado, respuestas y luz.

— Lynn Barnhart

Tu senda se te aclarará si la reanudas con esperanza

No siempre es fácil
tener la noción clara
de quién eres,
adónde vas,
o qué quieres de esta vida.
Para ser así,
debes prepararte y
practicar y esforzarte,
sea lo que sea.

No temas enfrentarte
a aquellos más grandes que tú,
acaso aun mejores que tú —
porque cada vez que lo hagas
te irás volviendo mejor
y te afianzarás cada vez más.
Poco a poco, la senda se aclarará,
y con el tiempo verás que
quién eres, adónde vas,
y lo que quieres de esta vida
son las cosas que te revela tu espíritu…
a través de las decisiones que tomas
y las cosas que haces,
a través de tus reacciones ante el mundo
que te rodea.

— Diane Solis

Haz lo mejor que puedas, y todo te saldrá bien

No siempre es fácil saber qué camino seguir, qué decisión tomar, o qué hacer.

La vida es un serie de nuevos horizontes, nuevas esperanzas, nuevos días, y cambios que llegan a ti. Y, de vez en cuando, todos necesitamos ayuda para enfrentar esto.

Recuerda estas cosas: Sueña. Actúa. Y descubre cuán especial eres. Ten una actitud positiva porque esto afectará el resultado de muchas cosas. Pide ayuda cuando la necesites; busca la sabiduría que el mundo tiene y consérvala. Progresa un poco más cada día. Comienza. Cree. Y cambia.

Reconoce el mérito que mereces; no
subestimes tus virtudes, tus capacidades, ni
las otras cosas que son tan tuyas.
Recuerda cuán preciosa la vida puede ser.
Imagina. Dedica el tiempo necesario para realizar
tus sueños; te traerá una felicidad que todo el
dinero del mundo no puede comprar. No temas;
no hay montaña tan alta que no puedas escalar
si te tomas tu tiempo.

¿Qué es lo mejor que puedes hacer? Muy sencillo:
  Haz lo mejor que puedas.
Y todo lo demás tendrá su solución.

— Collin McCarty

Confía en tu persona

Hay muchos hombres y mujeres cuya fortaleza sólo les fue revelada en sus horas más negras. Si no se hubieran enfrentado con estos desafíos, no habrían reconocido nunca su potencial.

No hay nadie que haya vivido y no haya cometido errores. Al cometer errores, ¡por lo menos estás <u>haciendo algo</u>! Eso es siempre mejor que nada — aunque los resultados no siempre sean lo que tú esperabas.

Eres una maravillosa, sorprendente y completa obra de la naturaleza. Tienes la bendición de la vida. Posees la habilidad privilegiada de tomar decisiones y de actuar según las mismas.

Raramente podrás cambiar lo ocurrido hace cinco minutos — se ha convertido en el pasado. No obstante, puedes cambiar tu forma de actuar dentro de cinco minutos — y para el resto de tu vida. <u>Tú</u> tienes ese poder.

— Robin Marshall

Que resplandezca tu corazón

*A*hora estás pasando por momentos difíciles;
     han pasado cosas que jamás te hubieras esperado.
Pero cuando das un paso hacia lo desconocido,
     como lo haces ahora,
descubrirás joyas en tu corazón —
pequeños milagros y diminutas dichas.
En ocasiones de los momentos más negros
surgen las posibilidades más resplandecientes.
En la tormenta repentina puedes vislumbrar un arco iris.
De alguna manera, el camino erróneo te conducirá
     al lugar correcto;
darás la vuelta a una esquina, y la dicha surgirá de
una curva inesperada del camino.
En los momentos difíciles es cuando vuelves a descubrir
     tu propio temple espiritual;
hallas dentro de ti un punto fuerte
     cuya existencia no conocías.
En ocasiones, al caer a un precipicio
descubrirás que puedes volar.
Aprenderás que de no haber vertido
     todas esas lágrimas,
tal vez no hubieras podido cultivar
     tus propias y hermosas flores.
En ocasiones, en tu hora más negra…
     verás que puedes resplandecer.

— Vickie M. Worsham

A través de los momentos difíciles...

En ocasiones nos sobrecogen
   los obstáculos
que surgen en la vida,
y preguntamos "¿Por qué a mí?"
Y con frecuencia, cuando las respuestas
   se nos escapan,
pensamos que las tribulaciones
que estamos sufriendo
son injustas y severas.
Pero las respuestas existen,
aunque tal vez no podamos reconocerlas.
En este mundo, estamos todos conectados
y existe un motivo para todo lo que pasa.
Debemos mantenernos fuertes ante las adversidades
y enfrentar los desafíos día tras día.

Y mientras el tiempo sana nuestras heridas
de cuerpo y alma,
tal vez lleguemos a comprender el significado
de nuestras tribulaciones
o a reconocer el bien que de ellas se desprendió.
Podemos enorgullecernos al reconocer
que las superamos,
y que salimos de la experiencia
más fuertes que antes.

Ahora tú estás pasando
por un momento difícil en tu vida.
Acepta que ha ocurrido,
y recuerda que las cosas
se pondrán mejor.

— Judith Mammay

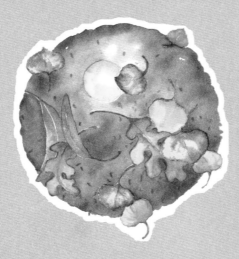

No te preocupes...
ten esperanza
y sigue soñando

La vida no siempre procede
   por la senda que deseamos.
En ocasiones hay curvas y encrucijadas.
Surgen obstáculos pequeños y grandes,
que se pueden superar.

La vida es una combinación de tribulaciones
   y de tesoros.
Todo evento nos enseña una lección.
No te descorazones
   por los problemas que surjan.
Antes de lo que tú crees,
   tendrán solución.
No es el fin del mundo
   ni de tu senda.
¡Ten esperanza y sigue soñando!

— *April Aragam*

Tú puedes vencer todos los problemas que la vida te presente

Sé que últimamente
has tenido problemas,
y sólo quiero que sepas
que puedes contar conmigo
para cualquier cosa
que necesites.
Pero lo más importante,
nunca olvides
que eres capaz de superar
cualquier complicación
que la vida te presente.
Por eso
haz lo que tienes que hacer,
siente lo que tienes que sentir,
y nunca olvides
que todos crecemos
en sabiduría
y ternura,
y cuando pasen
los momentos difíciles
podremos disfrutar aún más la vida.

— Susan Polis Schutz

Pensamientos luminosos
para un
día lluvioso

No te asustes de la tormenta. El cielo y los elementos solo están haciendo lo que suelen hacer. No tienen malas intenciones.

Del mismo modo, los desafíos y los sinsabores que en ocasiones ocurren en la vida alimentan el terreno de tu corazón y tu alma en tus propios términos. Aprende de los cambios. Y cuando se desvanezcan las nubes, si no hay señal de un arco iris, píntalo tú.

Si ya no escuchas la canción de tu corazón, es posible que sea una señal de que te agobian las ocupaciones, que debes desacelerar. Es importante estar en contacto con esta melodía en tu vida, porque te permite hallar algo positivo en todas las realidades con las que te enfrentas.

Si no puedes cambiar las circunstancias, podrás por lo menos cambiar tu forma de encararlas. Y si no hay señales de esperanza, vete al jardín, escucha el canto de un pajarito e imagina lo que dice antes de salir volando.

Hay que ser positivos. No te permitas abandonar la lucha. Siempre hay esperanza y mañana será otro día. La única constante es el cambio. Si la noche parece eterna, recuerda que llegará la mañana. El tiempo cura. La vida continúa. Aunque no estés feliz contigo, sonríe de todos modos. Si el sol no brilla en tu vida, crea tu propia luz.

— *Donna Fargo*

Que éste sea un momento decisivo en tu vida

Cada día se abre como una puerta,
    que nos invita al festín de la vida.
Cruza el umbral con osadía
        entra a la tibieza
        del amanecer que te da la bienvenida.
Ven tal cual estás —
        la bienvenida es la misma
            seas quien seas.
Trae una mente curiosa, un corazón abierto
        y un alma dispuesta a recibir.
Que las maravillas de la vida llenen tu espíritu
        hasta el tope.
Día tras día la vida fluye sin fin hacia adelante,
buscando cálices para escanciar sus bendiciones.
En ocasiones no escuchamos el amanecer
        golpeando la puerta.
En ocasiones estamos demasiado ocupados para
        aceptar la invitación.
Pero la oferta sigue en pie,
        porque la vida debe continuar.

No pierdas las oportunidades de cada día.
La vida te llama.
Se te ha otorgado en tu corazón el deseo
    de responder al llamado de la vida.
No hace falta lamentar los momentos desperdiciados
    del pasado —
no hace falta reprocharse nada.
Cada momento es un nuevo comienzo.
Empieza ya — un nuevo día amanece en el momento
    en que puedas encarar los desafíos
        que se enfrentan a ti.
Que nada te impida crecer y convertirte en la persona
    que quieres ser.
No te consideres persona ya hecha.
Estás en la situación ideal para hacer un cambio.
Que este sea un momento decisivo en tu vida.
Tal vez otros te indiquen el camino hacia la puerta,
    pero tú debes ser quien salva el umbral.
Tienes tanto para ofrecer.
Que haya muchos comienzos en tu vida.

                                    — Tanya P. Shubin

¡Sigue volando!

La vida no siempre es fácil;
ni tampoco siempre justa.
Con frecuencia te da esperanza
sólo para desilusionarte;
sabe también como dejarnos
    esperando,
para probar nuestra paciencia
    y nuestra fe.

Sé que hace poco la vida
te forzó a poner en tela de juicio
tu persona y las decisiones tomadas.
Recuerda que lo que cuenta es
    a largo plazo.
Si bien la vida parece
    una gran lucha ahora,
existen maravillas
    que te aguardan más allá por el camino.

Si sigues luchando con tesón
    y sabes aguardar,
todas estas maravillas
    caerán en tu regazo.
Es importante que sepas
que yo creo en ti
mucho más de lo que creo
    en muchos otros.
Tengo una sensación positiva
    de tu futuro...
porque la experiencia me ha enseñado
que grandes cosas pasan
    a las personas como tú
que tienen la valentía
    de dejar que tomen vuelo sus talentos.

— *Kari Kampakis*

Sigue creyendo

Sé que en tu corazón se cobija una ilusión. La he visto centellear y brillar a través de tus dudas y temores. No te preocupes: todos pasamos por momentos de duda e incertidumbre. Más bien quiero que sepas — y que de verdad creas — que eres una persona maravillosa y capaz. Lo veo en tu forma de tratar a los demás y en las cosas sorprendentes que ya has logrado.

Sigue adelante con tus planes y esperanzas para el futuro. Tu vida contiene posibilidades sin límites. Solo tú puedes saber cuáles son tus ilusiones y solo tú puedes convertirlas en realidad. Basta con un poco de fe y confianza en ti, en tus talentos y potenciales para encaminarte por el camino del éxito... ¡una bella senda que te conducirá a la realización de tus ilusiones!

— Jane Andrews

Tienes el poder de hacer de tu vida lo que anhelas

Esta es tu vida.
Usa el poder
de escoger lo que deseas hacer
y hazlo bien.
Usa el poder
de amar lo que deseas en la vida
y ámalo con fidelidad.
Usa el poder
de caminar en un bosque
y ser parte de la naturaleza.
Usa el poder
de controlar tu propia vida.
Nadie puede hacerlo por ti.
Nada es demasiado bueno para ti.
Tú mereces lo mejor.
Usa el poder
de hacer que tu vida sea
sana,
emocionante,
completa
y muy feliz.

— Susan Polis Schutz

37

No evites los obstáculos de la vida; ¡combátelos!

L as cosas no siempre son fáciles. La vida nos depara momentos impredecibles — arrojándonos en situaciones para las cuales no siempre estamos preparados, exigiéndonos más de lo que podemos dar, empujándonos hasta más allá de nuestros limites. Las adversidades pueden ser sobrecogedoras, dejándonos con frecuencia en un estado de confusión y desengaño.

Pero son precisamente estos desafíos, estas pruebas de fortaleza, las que nos impulsan hacia adelante, porque es grande la recompensa si nos negamos a darnos por vencidos.

Al no dejarnos vencer, descubrimos nuestra fortaleza interior, realizamos nuestra autoestima y nos conectamos con nuestro yo espiritual.

Descubrimos que nuestro temple es más resistente de lo que pensábamos y que en el medio de las complejidades de la vida aun somos capaces de luchar por mejorarnos y ganarle al destino.

La vida no es más que percepción — nuestras actitudes y cómo decidimos actuar en pos de nuestras intenciones.

Por lo tanto, cuando la vida nos interpone un obstáculo, en vez de preocuparnos porque no estamos preparados o porque es inesperado, debemos interpretar el momento como algo de lo cual aprender, como algo que nos aliente a crecer. Por sobre todas las cosas, deberíamos considerarlo una oportunidad de ampliar nuestra percepción de la verdadera dicha… la dicha que proviene de una visión totalmente nueva de la vida.

— *Debbie Burton-Peddle*

En ocasiones es mejor hacer una pausa y empezar de nuevo

A veces en la vida hace falta examinar aquellas cosas que atesoraste durante tanto tiempo.

No hace falta conservar ideas desgastadas o equipaje excesivo. Fíjate qué te sirve; separa las cosas que ya no te quedan bien. Solo guarda aquellas cosas que son tan naturales como tu aliento y tan cálidas como una sonrisa. Conserva la bondad de la vida para que fluya a través de tu corazón.

Los tesoros guardados en tu corazón son solo tuyos; puedes hacer con ellos lo que quieras.

La esperanza te donará más ilusiones. La fe te donará confianza. Las ilusiones te motivarán para llegar a la excelencia.

Recuerda siempre que los tesoros que ocultas en tu corazón son lo mejor de ti. Pásales el plumero — están para que los uses. Tú tienes potencial dentro de ti.

Tal vez te sorprenda descubrir todo lo que tienes para ofrecerle al mundo. Usa las pequeñas experiencias, como granos de arena, para convertir tu vida en una perla. Confía en que recibirás tanto amor como el que otorgues. Al expresar tus virtudes más elevadas te conviertes en la persona que debes ser. Por lo tanto, mira tu persona bajo una luz diferente y renueva hoy mismo tus ilusiones.

— Tanya P. Shubin

Cuando la vida
te deprima…

Si el sol se niega a salir mañana y la lluvia es demasiado intensa para pintar un arco iris en tu cielo recuerda que estoy junto a ti con el corazón abierto de par en par mi hombro para que te apoyes y un gran paraguas para resguardarte de la lluvia

Te deseo días más soleados y la fortaleza para sobrellevar aquellos cubiertos de nubes
Te deseo felicidad en el comienzo de cada día y noches pobladas de bellos sueños
Sabe que estoy pensando en ti y te deseo lo mejor y que estoy junto a ti por si necesitas lo que sea

— Elle Mastro

Hay alguien que te quiere y cree en ti

Sé que en estos momentos sientes cierto desaliento y depresión, pero recuerda que hay alguien que te quiere y que cree en ti.

Recuerda que hay alguien que te ha visto tantas veces actuar a la altura de las circunstancias; alguien que sabe que has sobrepasado tiempos difíciles en el pasado y confía que nuevamente los sobrepasarás esta vez también.

Recuerda que hay alguien que te admira, te acompaña cuando estás triste y quiere que sepas que si te puede ayudar de alguna manera, se alegrará de hacerlo.

...Y recuerda para siempre que ese alguien soy YO.

— Linda Mooneyham

Enorgullécete de ser quien eres y de todo lo que puedes ser

Enorgullécete de tu buen carácter. Que tus acciones reflejen intensamente tus valores morales. No aceptes nunca nada en contra de tu conciencia. Cultiva con maestrías las flores de tus talentos. Persigue las cosas que te apasionan. Esfuérzate por ser tu mejor yo, no una imitación de otros.

Aférrate a tus sueños y conviértelos en realidad. Ten la sabiduría de no hacer caso de aquellos que se burlan de tus planes, y no olvides agradecer a aquellos que te apoyan. Aprecia siempre a los que están de tu lado.

No te distraigas con placeres a corto plazo, aunque te sientas con demasiado cansancio para proseguir. Con frecuencia es mejor tomar el camino más largo, por el cual las recompensas postergadas conducen a oportunidades significativas que te llegan al corazón y al alma.

Ábrete a la aventura. Explora las nuevas fronteras en lugar de aferrarte a lo viejo y familiar. Deja que tu espíritu pionero siga progresando. Visita nuevos territorios, aprende nuevas técnicas y conoce a gente nueva. Aprende a ser resistente — te enriquecerá como ser humano.

No temas pedir ayuda. Ofrece a la vez la tuya a los que la necesiten. Tu corazón se alegrará de haber ayudado a alguien. Mantén los vínculos con la familia que amas, las amistades que te apoyan y todos aquellos que tocan tu vida con un poco de dicha. Por más éxito que coseches, no será nunca tanto que ya no necesites a aquellos que siempre creyeron en ti... y que por siempre creerán.

Mantén la fe que te sostiene en los momentos más aciagos. Cree de todo corazón que puedes convertir cada día en algo especial y hacer que cada persona que toques se sienta especialmente amada. Enorgullécete de tus talentos y logros. Expresa tus ideas brillantes, sigue preocupándote profundamente por otros y continúa tus actividades positivas que tanta bondad aportan a este mundo.

— *Jacqueline Schiff*

Tú no estás a solas

No hace falta que siempre
   desempeñes un papel heroico
ni que logres la perfección
para que se te admire y se te ame.

No hace falta que siempre seas
un eterno ejemplo para los demás
   con la mayor fortaleza
que carga con las responsabilidades
   sin quejarse.
Haces estas cosas bien
y te has ganado el respeto
   y la admiración
de incontables personas.

Pero los héroes también necesitan apoyo,
y yo aquí estoy para alentarte
cuando te sobrecojan las dudas;
para aplaudirte
cuando desfallezca tu fortaleza.
Quiero que disfrutes de la vida
   sin estrés,
y estoy a tu lado
   para lo que me necesites.
Tú no estás a solas.

— *Keisha McDonnough*

Lo que yace dentro de nosotros...

Lo que yace dentro de nosotros es la habilidad de convertir en triunfos las pérdidas.

Lo que yace dentro de nosotros es la habilidad de visualizar las cosas desde todos los ángulos antes de tomar la decisión definitiva, para determinar o moldear una perspectiva personal de la vida.

Lo que yace dentro de nosotros es la capacidad de responder con gentilezas a los desaires desconsiderados y corregir ciertos errores con comprensión y mantenernos abiertos a los cambios que aporta la rapidez de la vida.

Lo que yace dentro de nosotros es la valentía, la fortaleza y el esplendor de las individualidades compartidas.

Lo que yace dentro de nosotros es la habilidad de hallar maestros en los lugares más extraños y de convertirnos en maestros de aquellos que necesitan algo que tenemos... algo que ni siquiera sabíamos que teníamos.

— Ashley Rice

Para aquellos momentos en los que necesitas aliento

Si en alguna ocasión sientes que quieres abandonar la lucha, no lo hagas. Si crees que no puedes hacer algo, prueba. Si pruebas y fracasas, prueba otra vez. Si no lo haces, por siempre te preguntarás porqué abandonaste la lucha tan fácilmente.

No dejes que la vida te deje de lado; la única manera de triunfar es llevar alta la cabeza. Trata de no desalentarte cuando aparecen obstáculos; trepa cada montaña paso a paso y toma la vida día a día.

Encontrarás por fin la fuerza que buscabas, no solo para trepar la montaña sino para llegar a la cumbre también.

Cree en todo lo que te parezca que vale la pena y no te detengas hasta que no hayas hecho todo lo que podías para lograr tus sueños… Tienes la capacidad para lograr todo lo que deseas. Recuérdalo por siempre.

— *T. L. Nash*

Considéralo así...
Sólo es otra montaña
que debes trepar

Te has enfrentado con otras montañas en el pasado.
No temas. Tú eres fuerte.
Mírala a la cara.
Supera los obstáculos uno por vez.

Has trepado montañas en el pasado,
y ésta no es sino una más.
Sigue tu camino;
vívelo día a día.
Lo que hace falta, tú lo tienes.
Tienes tu espíritu, tu mente, tu cuerpo
y la sabiduría de conocer cómo compensar.

Llora si quieres. Está permitido.
Grita y patea. Está permitido también.
Y una vez que te hayas sacado todo eso de encima,
pon tus preocupaciones en la maleta
y entrégala en la taquilla para poder
aligerar la carga y empezar a trepar.

Recuerda... no es más que otra montaña.
Has trepado montañas en el pasado,
y sabrás trepar esta también.
Puedes hacerlo. ¡Absolutamente!

— Donna Fargo

Tus sueños pueden realizarse si...

Los sueños puede realizarse
   si dedicas un tiempo para
pensar en lo que deseas en la vida...
Trata de conocerte,
descubre quién eres.
Escoge tus metas con cuidado.
Manifiesta en ti la honestidad,
pero no pienses tanto en ti
que tengas que analizar cada palabra y acción.
No te encierres tanto en ti.
Busca otros intereses y dedícate a ellos.
Busca lo que es importante para ti.
Busca lo que sabes hacer.
No temas cometer errores.
Esfuérzate para lograr el éxito.
Cuando las cosas no salgan bien,
no te desanimes — pon más ahínco.
Busca dentro de ti el valor para permanecer firme.

Date libertad para intentar nuevas cosas.
No dejes que la rutina de tu vida te impida crecer.
Actúa siempre con honestidad.
Ríete y disfruta de buenos momentos.
Relaciónate con gente que respetas.
Trata a los demás como deseas que te traten a ti.
Demuestra a los demás tu sinceridad.
Acepta la verdad.
Di la verdad.
Ábrete al amor.
No temas amar.
Manténte cerca de tu familia.
Participa de la belleza de la naturaleza.
Aprecia todo lo que tienes.
Ayuda a los menos afortunados.
Trata de hacer felices a los demás.
Ayda a buscar la paz en el mundo.
Vive tu vida a plenitud.

Los sueños pueden realizarse
y deseo que todos los tuyos
se conviertan en realidad.

— Susan Polis Schutz

Que tú puedas recordar esto...

Que hoy y todos los días de tu vida aporten nuevas esperanzas para el mañana — porque la esperanza nos motiva para esforzarnos.

Que cada nuevo día aporte una sensación de entusiasmo, alegría y una maravillosa sensación de anticipación. Espera lo mejor, y lo recibirás.

Que encuentres la paz en las cosas sencillas, porque son aquellas que por siempre encontrarás.

Que recuerdes los buenos momentos y olvides las penas y los sinsabores, porque los buenos momentos te recordarán cuán especial ha sido la vida.

Que por siempre te sientas al amparo y con amor y que sepas que eres de lo mejor.

*Que puedas disfrutar de todas las cosas buenas
de la vida — la dicha de realizar tus sueños, la
alegría de sentir tu valor y la satisfacción de saber
que triunfaste.*

*Que encuentres tibieza en los demás, expresiones
de amor y bondad, sonrisas que te alienten y
amistades leales y sinceras.*

*Que te des cuenta de la importancia de tener
paciencia y que aceptes a los demás tal como son.
Con amor y comprensión, encontrarás el bien en
todos los corazones.*

*Que tengas fe en otros y la habilidad de ser
vulnerable. Abre tu corazón y comparte el milagro
del amor y de la intimidad.*

*Por sobre todas las cosas, que encuentres la dicha
dentro de ti.*

— Regina Hill

Espera siempre lo mejor

No abandones la esperanza.
La esperanza te da la fuerza
para seguir adelante
cuando sientas que ya nada te importa.
Nunca dejes de creer en ti.
Mientras creas que puedes lograrlo,
tendrás un motivo para intentarlo.
No dejes que nadie retenga tu felicidad
en sus manos;
sujétala en las tuyas,
para que siempre esté cerca de ti.
No midas el éxito ni el fracaso
por los bienes materiales,
sino por cómo te sientes;
nuestros sentimientos determinan
la riqueza de nuestras vidas.
No dejes que los malos momentos te agobien;
ten paciencia, y todos pasarán.
Nunca dudes en buscar ayuda;
todos la necesitamos de vez en cuando.
No huyas del amor sino ve hacia el amor,
porque es nuestra más profunda alegría.
No esperes que lo que deseas venga a ti.

Búscalo con toda tu alma,
sabiendo que la vida te encontrará
   a la mitad del camino.
No sientas que has perdido
cuando tus planes y sueños no alcanzan
   a cumplir tus anhelos.
Cada vez que aprendes algo nuevo
sobre ti o sobre la vida, has avanzado.
No hagas nada que disminuya tu propio respeto.
El estar satisfecho con uno mismo
es esencial para estar satisfecho con la vida.
Nunca te olvides de reír
ni dejes que el orgullo te impida llorar.
Cuando reímos y lloramos
es cuando vivimos a plenitud.

— *Nancye Sims*

Vive un día a la vez

No podemos cambiar el pasado;
sólo conservar
los gratos recuerdos
y ganar sabiduría
de los errores cometidos.
No podemos predecir el futuro;
sólo confiar y rogar
que suceda lo mejor,
y creer que así será.
Podemos vivir un día a la vez,
disfrutar el presente
procurando siempre convertirnos
en una persona más amorosa y mejor.

— Karen Berry

Confía siempre en ti
y en tus sueños

Cuando se persigue un sueño,
      habrá momentos
en que parezca que
el sueño desapareció.
Entonces es cuando debes confiar
en lo que eres.
Creer que tienes
la capacidad de vencer
cualquier obstáculo en tu camino,
y cuando tus sueños se realicen,
entonces te darás cuenta
de lo mucho
que te has fortalecido.

— *Lynn Brown*

Cómo mantenerse fuertes a través de todos los cambios de la vida

*L*a vida es dura. No hay forma de evitarlo. En ocasiones nos inflige algo que realmente no merecemos, cosas que no podemos de modo alguno comprender. Pero aunque se nos haga pedazos el corazón, tenemos que encontrar la manera de creer que a veces no nos corresponde entender. Sólo debemos aceptar las circunstancias y apoyarnos en aquellos que más nos aman.

Está permitido sentir pesar e ira y confusión y un millón de otras emociones que probablemente estén sintiendo ahora. Nadie espera que seas invencible, nadie espera que superes esto completamente por tu cuenta.

Apóyate en otros, permíteles que te ayuden; para eso están las amistades y las familias. Emprende un paso por día, y poco a poco esos pasos se harán más fáciles.

Ahora mismo es difícil imaginar que todo volverá a la normalidad. Y tal vez nada sea exactamente igual que antes, pero el cambio es una gran parte de la vida y del crecimiento. Es aceptar esos cambios lo que no es tarea fácil.

Por lo tanto, más que cualquier otra cosa en estos momentos, cree que la vida mejorará porque tú eres una persona fuerte e increíble, y tantos otros están junto a ti para ayudarte por el camino.

— *Elle Mastro*

La dicha te aguarda

Dicen que hay tormentas en todas las vidas
y todos sabemos que eso es verdad. Pero
se puede hallar consuelo en los arco iris
que les siguen...
y en la hermosura
de las personas como tú...

Nadie dijo nunca que sería fácil, ni que los cielos
serían siempre soleados. Cuando los días son grises
y aparecen tiempos difíciles, debes hacerte fuerte.
Recuerda que todo saldrá bien.

Cuando la vida se te hace difícil, recuerda: está
bien sentirse vulnerable. Eres profundamente
sensible, y esa es una de tus cualidades estupendas.
Confía en que, a la larga, los buenos días superarán
con creces a los malos.

Aquello que en ocasiones percibimos como una debilidad es en verdad una fortaleza. Cuanto más te moleste aquello que está mal, más serás capaz de convertirlo en bien. Cada día es como un cuarto en el cual pasas un tiempo antes de proceder al siguiente. Y en cada cuarto — lleno de posibilidades — hay una puerta que conduce a una mayor serenidad en la vida.

Deja atrás todas las pequeñas preocupaciones. Mañana no importarán y dentro de un mes, ya las habrás olvidado. Enfrenta las otras una a una: te sorprenderá ver cuánto más fáciles te parecerán tus dificultades.

Encuentra tu sonrisa. Entíbiate con tu serena determinación y la seguridad de que vendrán tiempos mejores. Haz lo que hace falta hacer. Pronuncia las palabras que hace falta pronunciar.

La dicha te aguarda. Cree en tu habilidad. Cruza tus puentes. Escucha tu corazón. Tu fe en el mañana te ayudará por siempre a hacer lo que está bien… y te ayudará a ser fuerte en tu recorrido de la senda de la vida.

— Collin McCarty

¡No abandones la lucha!

Eres una persona maravillosa.
Pero recuerda que no hace falta
que exijas tanto de tu persona.
Trata de mimarte un poquito más.
Dedícate más tiempo, y acepta las ofertas de ayuda
de otras personas.
Trata de concentrarte en dar un solo paso
y una sola solución cada vez.
No trates de pensar en todo a la vez.
Trata de poner en primer término
    tus propios intereses,
encuentra tiempo para ocuparte
    de tu propia persona.
Eres una persona preciosa e importante,
te mereces paz y felicidad.
Las tendrás si logras aguantar.

— Barbara Cage

Todo saldrá bien...
sólo ten paciencia

Todo saldrá bien.

Dale tiempo al tiempo.
Y mientras tanto...
sigue creyendo en ti;
cuídate mucho;
mira las cosas en perspectiva;
recuerda lo que es más importante;
no olvides que alguien te quiere;
busca el lado positivo;
aprende lo que debes aprender;
y encuentra en ti
tus virtudes internas:
la firmeza, las sonrisas,
la sabiduría y el
profundo optimismo
que son partes esenciales
de tu ser.

Todo saldrá bien.

— Barin Taylor

RECONOCIMIENTOS

La siguiente es una lista parcial de autores a quienes la casa editora desea agradecer específicamente por haber otorgado su permiso para la reproducción de sus obras.

Jason Blume por "Esto también pasará" y " Cuando se cierra una puerta, se abre otra." Propiedad intelectual © 2004 de Jason Blume. Todos los derechos reservados.

Carol Howard por "Cuando las cosas se ponen difíciles, recuerda que...." Propiedad intelectual © 2004 de Carol Howard. Todos los derechos reservados.

Lynn Barnhart por "Ten fe en el camino que has emprendido." Propiedad intelectual © 2004 de Lynn Barnhart. Todos los derechos reservados.

Diane Solis por "Tu senda se te aclarará si la reanudas con esperanza." Propiedad intelectual © 2004 de Diane Solis. Todos los derechos reservados.

Robin Marshall por "Confía en tu persona." Propiedad intelectual © 2004 de Robin Marshall. Todos los derechos reservados.

Vickie M. Worsham por "Que resplandezca tu corazón." Propiedad intelectual © 2004 de Vickie M. Worsham. Todos los derechos reservados.

April Aragam por "No te preocupes... ten esperanza y sigue soñando." Propiedad intelectual © 2004 de April Aragam. Todos los derechos reservados.

PrimaDonna Entertainment Corp. por "Pensamientos luminosos para un día lluvioso" y "Considéralo así..." por Donna Fargo. Propiedad intelectual © 2004 de PrimaDonna Entertainment Corp. Todos los derechos reservados.

Tanya P. Shubin por "Que éste sea un momento decisivo en tu vida" y "En ocasiones es mejor hacer una pausa y empezar de nuevo." Propiedad intelectual © 2004 de Tanya P. Shubin. Todos los derechos reservados.

Kari Kampakis por "¡Sigue volando!" Propiedad intelectual © 2004 de Kari Kampakis. Todos los derechos reservados.

Debbie Burton-Peddle por "No evites los obstáculos de la vida; ¡conbátelos!" Propiedad intelectual © 2004 de Debbie Burton-Peddle. Todos los derechos reservados.

Linda Mooneyham por "Hay alguien que te quiere y cree en ti." Propiedad intelectual © 2004 de Linda Mooneyham. Todos los derechos reservados.

Jacqueline Schiff por "Enorgullécete de ser quien eres y de todo lo que puedes ser." Propiedad intelectual © 2004 de Jacqueline Schiff. Todos los derechos reservados.

Keisha McDonnough por "Tú no estás a solas." Propiedad intelectual © 2004 de Keisha McDonnough. Todos los derechos reservados.

Barbara Cage for "¡No abandones la lucha!" Propiedad intelectual © 2004 de Barbara Cage. Todos los derechos reservados.

Hemos llevado a cabo un esfuerzo cuidadoso para identificar la propiedad intelectual de los poemas publicados en esta antología, con el objeto de obtener los permisos correspondientes para reproducir los materiales registrados y reconocer debidamente a los titulares de la propiedad intelectual. Si ha ocurrido algún error u omisión, ha sido totalmente involuntario y desearíamos efectuar su corrección en ediciones futuras, siempre y cuando se reciba una notificación por escrito en la editorial:

BLUE MOUNTAIN ARTS, INC., P.O. Box 4549, Boulder, Colorado 80306, EE.UU.